W0382469

Hallo, ich bin Anoki.
Für jede Seite, die du fertig hast,
malst du eine Baumscheibe aus.

2 3 4 5 6 7 8 9 10 11 12 13

14 15 16 17 18 19 20 21 22 23 24 25

26 27 28 29 30 31 32 33 34 35 36 37

38 39 40 41 42 43 44 45 46 47

▶ Markiere den Anfangsbuchstaben der Wörter.
Gib für die fünf Wörter jeder Gruppe die Reihenfolge nach dem Abc an.

- ☐ Sellerie
- 1 Erbse
- ☐ Gurke
- ☐ Möhre
- ☐ Paprika

- ☐ Hose
- ☐ Kleid
- ☐ Anorak
- ☐ T-Shirt
- ☐ Pullover

- ☐ Säugling
- ☐ Baby
- ☐ Kleinkind
- ☐ Mädchen
- ☐ Junge

- ☐ Mutter
- ☐ Vater
- ☐ Oma
- ☐ Tante
- ☐ Sohn

- ☐ laufen
- ☐ rennen
- ☐ bummeln
- ☐ wandern
- ☐ spazieren

- ☐ löffeln
- ☐ futtern
- ☐ speisen
- ☐ verzehren
- ☐ naschen

- ☐ schwatzen
- ☐ flüstern
- ☐ antworten
- ☐ brummen
- ☐ rufen

- ☐ gucken
- ☐ beobachten
- ☐ schauen
- ☐ entdecken
- ☐ ansehen

▶ Markiere den zweiten Buchstaben der Wörter. Gib für die fünf Wörter jeder Gruppe die Reihenfolge nach dem Abc an.

*Wenn alle Wörter mit demselben Buchstaben anfangen, ordnet man nach dem zweiten Buchstaben.*

## D

- ☐ Drossel
- 1 Dackel
- ☐ Dogge
- ☐ Dinosaurier
- ☐ Delfin

## H

- ☐ Handtuch
- ☐ Hundekorb
- ☐ Hocker
- ☐ Himmelbett
- ☐ Heizung

## N

- ☐ Niete
- ☐ Notiz
- ☐ Nelke
- ☐ Null
- ☐ Nagel

## G

- ☐ Gold
- ☐ Gift
- ☐ Geld
- ☐ Gras
- ☐ Glas

## e

- ☐ elf
- ☐ eins
- ☐ egal
- ☐ endlich
- ☐ etwas

## A

- ☐ tippen
- ☐ treffen
- ☐ tauchen
- ☐ turnen
- ☐ telefonieren

## S

- ☐ sagen
- ☐ staunen
- ☐ singen
- ☐ springen
- ☐ schwitzen

## O

- ☐ okay
- ☐ ohne
- ☐ oft
- ☐ oder
- ☐ oben

▶ Prüfe die Reihenfolge mit deinem Wörterbuch.

▶ Markiere den zweiten Buchstaben der Wörter.
Gib für die Wörter jeder Gruppe die Reihenfolge nach dem Abc an.

## P

☐ Planet
☐ Perle
☐ Physik
☐ Prinz
☐ Papier
☐ Pyramide
☐ Puzzle
☐ Pilz
☐ Pflaster
☐ Pokal

## G

☐ Goldfisch
☐ Gitarre
☐ Gras
☐ Garten
☐ Gymnastik
☐ Glück
☐ Gummibärchen
☐ Geburtstag

## K

☐ Knete
☐ Kino
☐ Kunst
☐ Kalender
☐ Koch
☐ Kegel
☐ Kreide
☐ Klasse

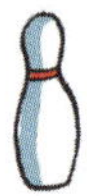

## S

☐ schön
☐ sparsam
☐ sicher
☐ sauber
☐ selten
☐ sonnig
☐ stark
☐ super

▶ Prüfe die Reihenfolge mit deinem Wörterbuch.

▶ Markiere den ersten Buchstaben aller Wörter.
Markiere den zweiten Buchstaben der Wörter mit gleichem Anfangsbuchstaben.
Ordne die Wörter jeder Gruppe nach dem Abc. Schreibe die Nomen mit Artikel.

| | | | | | |
|---|---|---|---|---|---|
| Brust | 1 | der Arm | rennen | 1 | |
| Fuß | 2 | | hüpfen | 2 | |
| ~~Arm~~ | 3 | | heulen | 3 | |
| Kopf | 4 | | helfen | 4 | |
| Bauch | 5 | | reiten | 5 | |
| Finger | 6 | | radeln | 6 | |
| Auge | 7 | | rufen | 7 | |
| Bein | 8 | | halten | 8 | |
| Zeh | 9 | | rutschen | 9 | |

▶ Prüfe die Reihenfolge mit deinem Wörterbuch.

▶ Markiere den ersten Buchstaben aller Wörter. Markiere weitere Buchstaben der Wörter mit gleichem Anfangsbuchstaben und gleichem Buchstaben danach.
Ordne die Wörter jeder Gruppe nach dem Abc. Schreibe die Nomen mit Artikel.

| | | | |
|---|---|---|---|
| Elfmeter | 1 ______ | grau | 1 ______ |
| Fußball | 2 ______ | rot | 2 ______ |
| Einwurf | 3 ______ | gelb | 3 ______ |
| Erfolg | 4 ______ | rund | 4 ______ |
| Ecke | 5 ______ | glatt | 5 ______ |
| Foul | 6 ______ | groß | 6 ______ |
| Faust | 7 ______ | rechteckig | 7 ______ |
| Endstand | 8 ______ | grün | 8 ______ |
| Fan | 9 ______ | rau | 9 ______ |

▶ Prüfe die Reihenfolge mit deinem Wörterbuch.

▶ In jeder Reihe ist ein Wort falsch eingeordnet.
Markiere es und setze ein Kreuz an die Stelle, an die es gehört.

das Paar, die Packung, das Paddel, die Palme, das Paket, der Palast, X das Papier

das Schaf, die Schale, die Schere, das Schiff, der Schlauch, der Schlamm, der Schnabel

die Uhr, der Uhu, die Umwelt, der Unfall, das Unglück, das Ungeheuer, das Ungeziefer

verachten, veranstalten, verbinden, verlangen, verdienen, vergessen, verirren, verraten

einbrechen, einigen, einladen, empfangen, empfehlen, entlassen, entfernen, entkommen

sagen, saugen, schreien, schaben, schaffen, schlafen, segeln, siegen, sparen, stehen

mager, magnetisch, merkwürdig, mild, monatlich, modern, morsch, musikalisch

langsam, langweilig, laut, leicht, leise, lieb, lila, listig, locker, leer, luftig, lustig

wann, warum, welche, wer, weswegen, weshalb, wie, wieso, wo, woher, wohin

ab, aber, acht, alle, auf, am, an, anders, anstatt, auch, aufeinander, auseinander

▶ In jeder Reihe sind zwei Wörter falsch eingeordnet.
Markiere jedes mit einer anderen Farbe.
Setze jeweils mit der entsprechenden Farbe ein Kreuz an die Stelle, an die es gehört.

die Waage, der Wecker, die Wanne, das Wasser, X X der Wind, der Winter, das Wetter

das Quadrat, der Quark, die Qual, die Quelle, die Qualle, das Quartett, der Quatsch

das Radio, der Rasen, der Radiergummi, die Ratte, die Raupe, das Reh, der Regen

nachgeben, nachmachen, nachdenken, nehmen, nennen, naschen, notieren, nutzen

backen, baden, braten, bekommen, beweisen, blitzen, blinken, boxen, bringen, bummeln

tanzen, tapezieren, tauschen, trainieren, testen, teilen, ticken, tippen, telefonieren

saftig, sauber, sauer, sparsam, still, schick, schlau, selten, sicher, stark, steif, stolz

genau, gerade, gerecht, gern, gemein, giftig, glatt, golden, grau, groß, gut, gesund

halb, hallo, hin, her, herab, herbei, heraus, hervor, heute, hier, hinein, hinten, hinter

dabei, dadurch, dafür, daheim, daher, dahin, dagegen, damals, daran, darum, dann

▶ Schreibe die Wörter nach dem Abc geordnet auf.

| | | | | | |
|---|---|---|---|---|---|
| der Cent | einzeln | das Weltall | die Yacht | die Adresse | der Quirl |
| heiß | schade | cool | der Baum | die Null | arbeiten |
| das Lied | anders | die Eile | neben | das Haar | das Spray |
| erleben | die Frage | faul | quer | biegen | lachen |

▶ Prüfe die Reihenfolge mit deinem Wörterbuch.

▶ Nach dem Abc geordnet ergeben die Wörter jeder Farbgruppe einen Satz. Schreibe die Sätze auf. Denke daran, dass die Wörter am Satzanfang großgeschrieben werden müssen und dass am Ende jedes Satzes ein Punkt steht.

▶ Finde selbst noch einen Satz, in dem die Wörter nach dem Abc geordnet stehen.

▶ Auf welcher Seite in deinem Wörterbuch steht das erste und auf welcher das letzte Wort, das mit diesen Anfangsbuchstaben beginnt?
Schlage nach und schreibe die Seitenzahlen in die Tabelle.

| | erstes Wort Seite | letztes Wort Seite |
|---|---|---|
| A/a | | |
| B/b | | |
| C/c | | |
| D/d | | |
| E/e | | |
| F/f | | |
| G/g | | |
| H/h | | |
| I/i | | |
| J/j | | |
| K/k | | |
| L/l | | |
| M/m | | |

| | erstes Wort Seite | letztes Wort Seite |
|---|---|---|
| N/n | | |
| O/o | | |
| P/p | | |
| Q/q | | |
| R/r | | |
| S/s | | |
| T/t | | |
| U/u | | |
| V/v | | |
| W/w | | |
| X/x | | |
| Y/y | | |
| Z/z | | |

▶ Schreibe jeweils das erste und das letzte Wort auf, das in deinem Wörterbuch mit diesen Buchstaben beginnt. Schreibe die Seitenzahl dazu.

Na: ______________________ ☐

Kr: ______________________ ☐

Pf: ______________________ ☐

An: ______________________ ☐

Er: ______________________ ☐

Sch: ______________________ ☐

Dr: ______________________ ☐

Pa: ______________________ ☐

St: ______________________ ☐

Ze: ______________________ ☐

▶ Schreibe jeweils das erste und das letzte Wort auf, das in deinem Wörterbuch mit diesen Buchstaben beginnt. Schreibe die Seitenzahl dazu.

Ge: ____________________ ☐

Da: ____________________ ☐

Ch: ____________________ ☐

Un: ____________________ ☐

Ver: ____________________ ☐

Rau: ____________________ ☐

Ent: ____________________ ☐

Emp: ____________________ ☐

Vor: ____________________ ☐

Qui: ____________________ ☐

▶ Schreibe zu jedem Nomen in der Mehrzahl das Nomen in der Einzahl mit Artikel. Schreibe dazu, auf welcher Seite du es in deinem Wörterbuch gefunden hast.

*Nomen stehen im Wörterbuch zuerst in der Einzahl.*

| | | |
|---|---|---|
| die Muskeln | der Muskel | S. |
| die Flöten | | |
| die Fenster | | |
| die Hotels | | |
| die Pauken | | |
| die Autos | | |
| die Joghurts | | |
| die Föhne | | |
| die Herzen | | |

| | | |
|---|---|---|
| die Damen | | |
| die Planeten | | |
| die Iglus | | |
| die Insekten | | |
| die Brezeln | | |
| die Lineale | | |
| die Pantoffeln | | |
| die Wurzeln | | |
| die Atlanten | | |

▶ Schreibe zu jedem Nomen in der Mehrzahl das Nomen in der Einzahl mit Artikel.
Schreibe dazu, auf welcher Seite du es in deinem Wörterbuch gefunden hast.

die Löcher ______________________ ☐

die Würste ______________________ ☐

die Blöcke ______________________ ☐

die Häute ______________________ ☐

die Nüsse ______________________ ☐

die Tücher ______________________ ☐

die Bänke ______________________ ☐

die Räume ______________________ ☐

die Klötze ______________________ ☐

die Strümpfe ______________________ ☐

die Schwäne ______________________ ☐

die Läden ______________________ ☐

die Räder ______________________ ☐

die Züge ______________________ ☐

die Bänke ______________________ ☐

die Bälle ______________________ ☐

die Küsse ______________________ ☐

die Bäuche ______________________ ☐

▶ Nicht alle Wörter mit einer Vorsilbe stehen im Wörterbuch. Dann kannst du das Wort **ohne Vorsilbe** als Nachschlagewort verwenden. Markiere die Vorsilben. Schreibe neben jedes Wort das Nachschlagewort und die Seitenzahl, auf der du es in deinem Wörterbuch findest.

| | | | | | |
|---|---|---|---|---|---|
| abräumen | räumen | | einfangen | | |
| verarbeiten | | | anfassen | | |
| einsammeln | | | verklagen | | |
| angucken | | | entlaufen | | |
| vorstreichen | | | aufziehen | | |
| zerquetschen | | | vorzeigen | | |
| auspacken | | | umtauschen | | |
| wegwischen | | | bestechen | | |
| erfrieren | | | zukleben | | |

▶ Nicht alle Wörter mit einer Vorsilbe stehen im Wörterbuch. Dann kannst du das Wort **ohne Vorsilbe** als Nachschlagewort verwenden. Markiere die Vorsilben. Schreibe neben jedes Wort das Nachschlagewort mit Artikel und die Seitenzahl, auf der du es in deinem Wörterbuch findest.

| | | | | | |
|---|---|---|---|---|---|
| der Abgrund | der Grund | ☐ | der Beifahrer | ______ | ☐ |
| der Übermut | ______ | ☐ | der Abfluss | ______ | ☐ |
| der Hinflug | ______ | ☐ | das Vordach | ______ | ☐ |
| der Anstrich | ______ | ☐ | der Undank | ______ | ☐ |
| die Vorspeise | ______ | ☐ | die Anprobe | ______ | ☐ |
| das Beiboot | ______ | ☐ | die Vorstadt | ______ | ☐ |
| der Ausblick | ______ | ☐ | der Umkreis | ______ | ☐ |
| der Vorgarten | ______ | ☐ | der Auszug | ______ | ☐ |
| der Eingriff | ______ | ☐ | die Vorstrafe | ______ | ☐ |

▶ Wer ist mit dem Bilderrätsel gemeint? Verbinde.

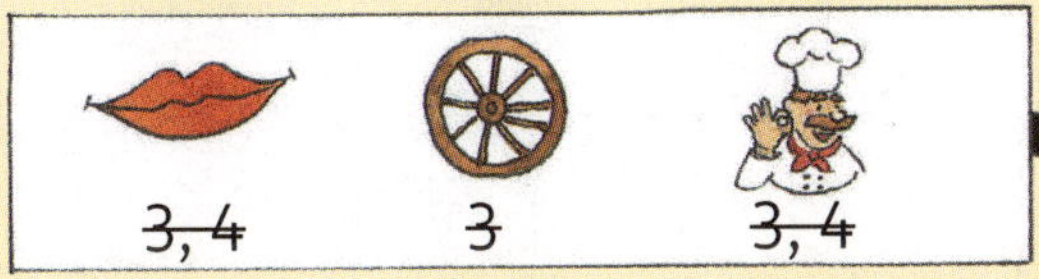

▶ Viele Wörter sind aus zwei Wörtern zusammengesetzt.
Sie stehen nicht alle im Wörterbuch. Du kannst aber beide Wortteile nachschlagen.
Schreibe neben jedes Wort die Nachschlagewörter mit der Seitenzahl, auf der du sie in deinem Wörterbuch findest.

| | | | | | |
|---|---|---|---|---|---|
| der Kuhstall | die Kuh | S. | – | der Stall | S. |
| der Busfahrer | | | – | | |
| der Besenstiel | | | – | | |
| der Tierpark | | | – | | |
| das Brillenetui | | | – | | |
| die Tintenpatrone | | | – | | |
| der Spielplatz | | | – | | |
| das Speiseeis | | | – | | |
| das Milchglas | | | – | | |

▶ Viele Wörter sind aus zwei Wörtern zusammengesetzt.
Sie stehen nicht alle im Wörterbuch. Du kannst aber beide Wortteile nachschlagen.
Schreibe neben jedes Wort die Nachschlagewörter mit der Seitenzahl,
auf der du sie in deinem Wörterbuch findest.

der Sportlehrer ______________ ☐ – ______________ ☐

die Butterblume ______________ ☐ – ______________ ☐

das Spinnennetz ______________ ☐ – ______________ ☐

der Bauchnabel ______________ ☐ – ______________ ☐

der Nikolaustag ______________ ☐ – ______________ ☐

die Ritterburg ______________ ☐ – ______________ ☐

der Flaschengeist ______________ ☐ – ______________ ☐

die Honigbiene ______________ ☐ – ______________ ☐

der Teddybär ______________ ☐ – ______________ ☐

Viele Wörter sind aus zwei Wörtern zusammengesetzt.
Sie stehen nicht alle im Wörterbuch. Du kannst aber beide Wortteile nachschlagen.
Schreibe neben jedes Wort die Nachschlagewörter mit der Seitenzahl,
auf der du sie in deinem Wörterbuch findest.

| | | | | | |
|---|---|---|---|---|---|
| der Schreibblock | schreiben | S. | – | der Block | S. |
| der Wickeltisch | | | – | | |
| der Badestrand | | | – | | |
| der Wanderstab | | | – | | |
| das Backblech | | | – | | |
| die Rodelbahn | | | – | | |
| der Streichelzoo | | | – | | |
| die Nähnadel | | | – | | |
| der Impfpass | | | – | | |

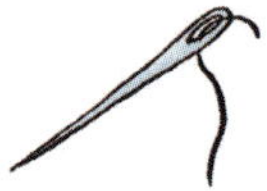

▶ Viele Wörter sind aus zwei Wörtern zusammengesetzt.
Sie stehen nicht alle im Wörterbuch. Du kannst aber beide Wortteile nachschlagen.
Schreibe neben jedes Wort die Nachschlagewörter mit der Seitenzahl,
auf der du sie in deinem Wörterbuch findest.

| | | | | | |
|---|---|---|---|---|---|
| himmelblau | der Himmel | S. | – | blau | S. |
| sonnengelb | ______ | ☐ | – | ______ | ☐ |
| rabenschwarz | ______ | ☐ | – | ______ | ☐ |
| feuerrot | ______ | ☐ | – | ______ | ☐ |
| grasgrün | ______ | ☐ | – | ______ | ☐ |
| schneeweiß | ______ | ☐ | – | ______ | ☐ |
| bildschön | ______ | ☐ | – | ______ | ☐ |
| federleicht | ______ | ☐ | – | ______ | ☐ |
| butterweich | ______ | ☐ | – | ______ | ☐ |

▶ Hier kannst du drei Wörter nachschlagen. Schreibe neben jedes Wort die Nachschlagewörter mit der Seitenzahl, auf der du sie in deinem Wörterbuch findest.

~~der Badezimmerschlüssel~~

baden S. ___ – das Zimmer S. ___ – der Schlüssel S. ___

~~der Zahnputzbecher~~

___ S. ___ – ___ S. ___ – ___ S. ___

~~die Backofenklappe~~

___ S. ___ – ___ S. ___ – ___ S. ___

~~das Raubtiergehege~~

___ S. ___ – ___ S. ___ – ___ S. ___

~~die Spülmittelflasche~~

___ S. ___ – ___ S. ___ – ___ S. ___

~~der Dampfkochtopf~~

___ S. ___ – ___ S. ___ – ___ S. ___

~~der Weißgoldring~~

___ S. ___ – ___ S. ___ – ___ S. ___

~~die Radfahrprüfung~~

___ S. ___ – ___ S. ___ – ___ S. ___

▶ Welches Lösungswort passt sowohl zum ersten als auch zum zweiten vorgegebenen Wort? Schreibe es in das Kästchen und schreibe beide zusammengesetzten Wörter darunter.

Indianer | Zelt | Platz

das Indianerzelt, der Zeltplatz

Kartoffel | ____ | Schüssel

______________________________

Haus | ____ | Klinke

______________________________

Fliegen | ____ | Suppe

______________________________

Gold | ____ | Stäbchen

______________________________

Tür, Pilz, Fisch, Salat

▶ Schreibe vor das Verb die Seitenzahl, auf der du es in deinem Wörterbuch findest. Schreibe dahinter alle Verbformen, die dabeistehen.

☐ malen, ______________________________

☐ träumen, ______________________________

☐ arbeiten, ______________________________

☐ folgen, ______________________________

☐ kleben, ______________________________

☐ schütteln, ______________________________

☐ blitzen, ______________________________

☐ zählen, ______________________________

☐ drucken, ______________________________

☐ wandern, ______________________________

▶ Schreibe vor das Verb die Seitenzahl, auf der du es in deinem Wörterbuch findest.
Schreibe dahinter alle Verbformen, die dabeistehen.

☐ gehen, ____________________

☐ stehen, ____________________

☐ essen, ____________________

☐ finden, ____________________

☐ laufen, ____________________

☐ singen, ____________________

☐ pfeifen, ____________________

☐ fahren, ____________________

☐ schlagen, ____________________

☐ hängen, ____________________

▶ Schreibe vor das Verb die Seitenzahl, auf der du es in deinem Wörterbuch findest. Schreibe dahinter alle Verbformen, die dabeistehen.

☐ ausschneiden, ____________________

☐ loslassen, ____________________

☐ vorsagen, ____________________

☐ zuschauen, ____________________

☐ einladen, ____________________

☐ wegnehmen, ____________________

☐ aufpassen, ____________________

☐ nachdenken, ____________________

☐ abschreiben, ____________________

▶ Schreibe die Grundform zu jeder Verbform.
Schreibe die Seitenzahl dazu,
auf der du das Verb in deinem Wörterbuch findest.

| | | |
|---|---|---|
| ich teilte, | teilen | S. |
| es kitzelte, | | |
| sie klatschte, | | |
| es glitzerte, | | |
| er konnte, | | |
| sie brachte, | | |
| ich schlief, | | |
| er fror, | | |
| ich griff, | | |
| ich brüllte, | | |
| er turnte, | | |
| sie zählte, | | |
| er lachte, | | |
| ich aß, | | |
| es trug, | | |
| er gewann, | | |
| sie kroch, | | |
| sie schwor, | | |

▶ Schreibe die Grundform zu jeder Verbform.
Schreibe die Seitenzahl dazu, auf der du das Verb in deinem Wörterbuch findest.

| | | | | | |
|---|---|---|---|---|---|
| gemalt, | malen | S. | gehagelt, | | |
| geguckt, | | | gekocht, | | |
| gepackt, | | | geglänzt, | | |
| gedankt, | | | gelacht, | | |
| getroffen, | | | gedacht, | | |
| geflogen, | | | geholfen, | | |
| gesprochen, | | | gelogen, | | |
| geklungen, | | | geschoben, | | |
| getrunken, | | | gezwungen, | | |

▶ Schreibe die Grundform zu jeder Verbform.
Schreibe die Seitenzahl dazu,
auf der du das Verb in deinem Wörterbuch findest.

| | | |
|---|---|---|
| sie isst, | essen | S. |
| geschossen, | | |
| ich schrie, | | |
| er schmolz, | | |
| gesprochen, | | |
| sie schwamm, | | |
| gerochen, | | |
| sie wusch, | | |
| geworfen, | | |
| es gilt, | | |
| du trugst, | | |
| gesungen, | | |
| ich rate, | | |
| er schwieg, | | |
| du siehst, | | |
| er verlor, | | |
| du trittst, | | |
| ich wusste, | | |

Schreibe die Grundform zu jeder Verbform.
Schreibe die Seitenzahl dazu, auf der du das Verb in deinem Wörterbuch findest.

| | | |
|---|---|---|
| weggeflogen, | wegfliegen | S. |
| vorgesungen, | | |
| abgemalt, | | |
| eingemischt, | | |
| nachgemacht, | | |
| zugedeckt, | | |
| aufgepasst, | | |
| vorgebeugt, | | |
| untergetaucht, | | |
| vorgenommen, | | |
| angeschaltet, | | |
| umgeblättert, | | |
| fortgesetzt, | | |
| umgeleitet, | | |
| aufgegessen, | | |
| ausgedacht, | | |
| eingefallen, | | |
| nachgezählt, | | |

▶ Schreibe die Grundform des Adjektivs zu jeder Vergleichsform und die Seitenzahl, auf der du es in deinem Wörterbuch findest.

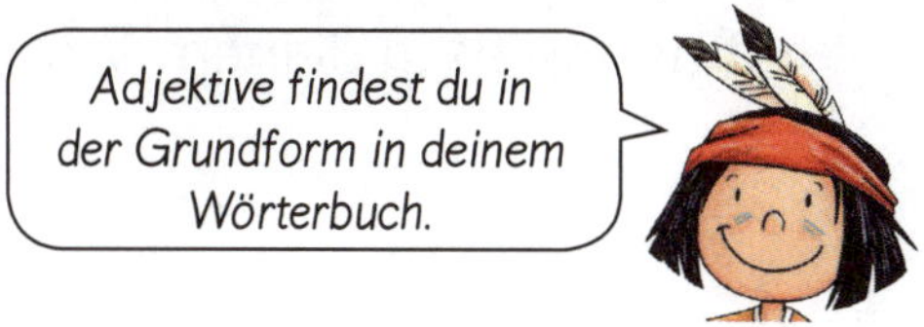


| | | |
|---|---|---|
| am tollsten, | toll | S. |
| am kleinsten, | | |
| am fleißigsten, | | |
| am weitesten, | | |
| am lautesten, | | |
| am bequemsten, | | |
| am einfachsten, | | |
| am schlimmsten, | | |
| am gruseligsten, | | |
| am wildesten, | | |
| am wichtigsten, | | |
| am schönsten, | | |
| am engsten, | | |
| am liebsten, | | |
| am schärfsten, | | |
| am dicksten, | | |
| am langsamsten, | | |
| am seltsamsten, | | |

▶ Schreibe die Grundform des Adjektivs zu jeder Vergleichsform und die Seitenzahl, auf der du es in deinem Wörterbuch findest.

| | | | | | |
|---|---|---|---|---|---|
| ärmer, | ______ | ☐ | dümmer, | ______ | ☐ |
| größer, | ______ | ☐ | härter, | ______ | ☐ |
| kälter, | ______ | ☐ | höher, | ______ | ☐ |
| schärfer, | ______ | ☐ | gesünder, | ______ | ☐ |
| jünger, | ______ | ☐ | näher, | ______ | ☐ |
| länger, | ______ | ☐ | gröber, | ______ | ☐ |
| kürzer, | ______ | ☐ | älter, | ______ | ☐ |
| klüger, | ______ | ☐ | stärker, | ______ | ☐ |
| wärmer, | ______ | ☐ | schwächer, | ______ | ☐ |

▶ Viele Wörter mit ä lassen sich von einem Wort mit a ableiten.
Schreibe das verwandte Wort mit a neben jedes Wort und dazu die Seitenzahl, auf der du es in deinem Wörterbuch findest.

| | | | | | |
|---|---|---|---|---|---|
| der Gärtner, | der Garten | S. | mächtig, | | |
| der Bäcker, | | | jährlich, | | |
| der Jäger, | | | ängstlich, | | |
| die Hälfte, | | | kräftig, | | |
| das Rädchen, | | | täglich, | | |
| die Schwägerin, | | | glänzen, | | |
| die Wäsche, | | | kämmen, | | |
| der Stängel, | | | quälen, | | |
| der Anfänger, | | | nähen, | | |

▶ Finde das Nachschlagewort zu dem unterstrichenen Wort.
Schreibe es auf und setze die Seitenzahl dahinter,
auf der du das Wort in deinem Wörterbuch findest.

Die Kinder wandern durch den Wald. ______ ☐

Felix ist jünger als Mehmet. ______ ☐

Gestern schien den ganzen Tag die Sonne. ______ ☐

Hamza hat ein Vogelnest gefunden. ______ ☐

Im Vorgarten blühen rote Tulpen. ______ ☐

Ich habe dich zu meinem Geburtstag eingeladen. ______ ☐

Im Winter ziehe ich meine wärmsten Sachen an. ______ ☐

Der Dieb benutzte einen Nachschlüssel. ______ ☐

Der Sieger lief schneller als alle anderen. ______ ☐

► In jeder Reihe, in jeder Spalte und in jedem kleinen Rechteck soll jedes der sechs Bilder einmal vorkommen.

▶ **i** oder **ie**? Schlage das Wort nach und setze die fehlenden Buchstaben ein. Schreibe dahinter die Seitenzahl, auf der du das Wort in deinem Wörterbuch findest.

*Lösungshilfe: 12 x **ie** und 12 x **i***

| | | | | | |
|---|---|---|---|---|---|
| die Fl_ie_ge | | das K___no | | der R___se | |
| die Ros___ne | | der D___b | | das Sp___l | |
| der S___g | | die W___se | | die Pral___ne | |
| die W___ge | | das Z___l | | die Masch___ne | |
| die Kab___ne | | der Delf___n | | die Kus___ne | |
| das Benz___n | | der T___ger | | die Zw___bel | |
| die Sch___ne | | der Br___f | | die Viol___ne | |
| das Krokod___l | | die Apfels___ne | | die Z___ge | |

▶ **i** oder **ie**? Schlage das Wort nach und setze die fehlenden Buchstaben ein. Schreibe dahinter die Seitenzahl, auf der du das Wort in deinem Wörterbuch findest.

| | | | | | |
|---|---|---|---|---|---|
| fr___ren | ☐ | w___r | ☐ | sch___f | ☐ |
| er g___bt | ☐ | l___b | ☐ | sp___len | ☐ |
| m___nus | ☐ | n___sen | ☐ | n___drig | ☐ |
| m___r | ☐ | n___mals | ☐ | t___f | ☐ |
| fl___ßen | ☐ | pr___ma | ☐ | d___r | ☐ |
| n___dlich | ☐ | w___gen | ☐ | h___r | ☐ |
| r___chen | ☐ | d___rekt | ☐ | d___vidieren | ☐ |
| ___deal | ☐ | schw___rig | ☐ | ___ h r | ☐ |

▶ **V/v** oder **F/f**? Schlage das Wort nach und setze die fehlenden Buchstaben ein. Schreibe dahinter die Seitenzahl, auf der du das Wort in deinem Wörterbuch findest.

*Lösungshilfe:*
*13 x **V/v***
*und 11 x **F/f***

| | | | | | |
|---|---|---|---|---|---|
| der _V_ogel | ☐ | der ___orhang | ☐ | das ___oul | ☐ |
| der ___öhn | ☐ | das ___iereck | ☐ | das Mo___a | ☐ |
| der Beru___ | ☐ | der Pazi___ik | ☐ | die Lar___e | ☐ |
| die Ner___en | ☐ | das Pul___er | ☐ | der Brie___ | ☐ |
| ___unkeln | ☐ | ___orbei | ☐ | ___oll | ☐ |
| rau___en | ☐ | ___orher | ☐ | zu___erlässig | ☐ |
| passi___ | ☐ | schie___ | ☐ | einund___ierzig | ☐ |
| häu___ig | ☐ | un___orsichtig | ☐ | ___risch | ☐ |

▶ **V/v** oder **W/w**? Schlage das Wort nach und setze die fehlenden Buchstaben ein. Schreibe dahinter die Seitenzahl, auf der du das Wort in deinem Wörterbuch findest.

| | | | | | |
|---|---|---|---|---|---|
| das ___anilleeis | | die ___itamine | | der ___al | |
| der ___itz | | die ___espe | | die Kur___e | |
| die Mö___e | | der ___okal | | das Sil___ester | |
| der Pullo___er | | die Ser___iette | | das Ge___ürz | |
| die La___ine | | ___underbar | | reno___ieren | |
| z___ei | | o___al | | ___iolett | |
| ner___ös | | lang___eilig | | er___achsen | |
| unter___egs | | pri___at | | z___eifeln | |

▶ **F/f** oder **Pf/pf**? Schlage das Wort nach und setze die fehlenden Buchstaben ein. Schreibe dahinter die Seitenzahl, auf der du das Wort in deinem Wörterbuch findest.

| | | | | | |
|---|---|---|---|---|---|
| die ___anne | ☐ | der ___effer | ☐ | die ___ee | ☐ |
| der ___els | ☐ | die ___erse | ☐ | die ___lanze | ☐ |
| die ___igur | ☐ | der ___eil | ☐ | die ___ote | ☐ |
| das ___laster | ☐ | der ___irsich | ☐ | der ___leck | ☐ |
| ___üttern | ☐ | ___öhnen | ☐ | ___eifen | ☐ |
| ge___orscht | ☐ | ein___lanzen | ☐ | ab___lücken | ☐ |
| ge___ährlich | ☐ | ge___iffen | ☐ | ge___unden | ☐ |
| ver___legen | ☐ | ver___olgen | ☐ | ent___ernen | ☐ |

▶ Lang oder betont gesprochene Vokale werden manchmal verdoppelt oder mit einem -h gekennzeichnet.
Schlage das Wort nach und setze die fehlenden Buchstaben ein.
Schreibe dahinter die Seitenzahl, auf der du das Wort in deinem Wörterbuch findest.

*Lösungshilfe:* *2 x* ***aa*** *und 4 x* ***ah***
*3 x* ***ee*** *und 3 x* ***eh***
*3 x* ***oo*** *und 3 x* ***oh***

| **ah** oder **aa**? | | **eh** oder **ee**? | | **oh** oder **oo**? | |
|---|---|---|---|---|---|
| der Z___n | ☐ | die L___ne | ☐ | der M___n | ☐ |
| das H___r | ☐ | die F___ | ☐ | das R___r | ☐ |
| die W___ge | ☐ | der Kaff___ | ☐ | das M___s | ☐ |
| die S___ne | ☐ | der Z___ | ☐ | das B___t | ☐ |
| z___m | ☐ | l___r | ☐ | d___f | ☐ |
| k___l | ☐ | n___men | ☐ | fr___ | ☐ |

- Lies genau und schreibe die richtigen Angaben unter die Kinder.

- Das Kind, das gern Möhrensalat isst, hat von der Büffeljagd geträumt.
- Das Kind mit dem Seil hat vom Pferderennen geträumt.
- Die Lieblingstiere von dem Kind mit Pfeil und Bogen sind Wölfe.
- Adler sind die Lieblingstiere von dem Kind, das am liebsten Kartoffeln isst.
- Das Kind, das gern Verstecken spielt, isst am liebsten Möhrensalat.
- Das Kind mit dem Beil spielt gern Federball.
- Das Kind, das von Pferden geträumt hat, mag besonders gern Fische.
- Das Kind, das gern Federball spielt, isst am liebsten Kartoffeln.
- Die Freundin der beiden Jungen spielt am liebsten mit Murmeln.
- Das Kind, das am liebsten Verstecken spielt, hat Pfeil und Bogen in der Hand.
- Das Kind, das gern mit Murmeln spielt, isst am liebsten Gemüsesuppe.
- Der Junge, der gern Federball spielt, hat vom Angeln geträumt.

| |  |  |  |
|---|---|---|---|
| | Anoki | Muna | Paco |
| Lieblingsessen | | | |
| Lieblingstiere | | | |
| Lieblingsspiel | | | |
| Traum | | | |

▶ Finde in deinem Wörterbuch zu jedem Bild das Wort. Schreibe es auf und dahinter die Seitenzahl, auf der du es in deinem Wörterbuch gefunden hast.

*Schlage schwierige Wörter immer nach und prüfe, ob du sie richtig geschrieben hast.*

 Xylofon ____ S.

 ____ ☐

 ____ ☐

 ____ ☐

 ____ ☐

 ____ ☐

 ____ ☐

 ____ ☐

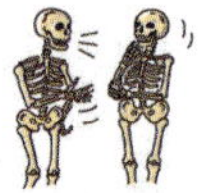 ____ ☐

 ____ ☐

 ____ ☐

 ____ ☐

 ____ ☐

 ____ ☐

 ____ ☐

 ____ ☐

▶ Finde die Verben zu diesen Nomen.
Schreibe sie auf und setze dahinter die Seitenzahl,
auf der du das Verb in deinem Wörterbuch findest.

| | | | | | |
|---|---|---|---|---|---|
| das Telefon | telefonieren | S. | die Probe | | |
| die Frisur | | | die Marke | | |
| die Reparatur | | | der Respekt | | |
| die Addition | | | das Studium | | |
| der Radiergummi | | | der Jongleur | | |
| die Note | | | die Adoption | | |
| die Information | | | der Lack | | |
| die Kasse | | | die Operation | | |

**1. Auflage** 1 6 5 4 3 2 | 22 21 20 19 18
Alle Drucke dieser Auflage sind unverändert und können im Unterricht nebeneinander verwendet werden.
Die letzte Zahl bezeichnet das Jahr des Druckes.


**Autorin**: Brigitte Beier

**Redaktion**: Heike Günther, Jörg Peter Müller, Köln
**Herstellung**: Gundula Wanjek-Binder, Hannover; Claudia Bachmann

**Layoutkonzeption**: know idea gmbh, Freiburg
**Illustrationen**: Anke Fröhlich, Leipzig; Claudia Heine, Mönchengladbach, Liliane Oser, Hamburg; Hela Wornle, Hannover
**Umschlagillustration**: Anke Fröhlich, Leipzig
**Satz**: typotext, Mühlacker
**Druck**: Medienhaus Plump GmbH, Rheinbreitbach

Printed in Germany
ISBN 978-3-12-161044-0

9 783121 610440